L'APPART DE MES RÊVES

RAZMOTT

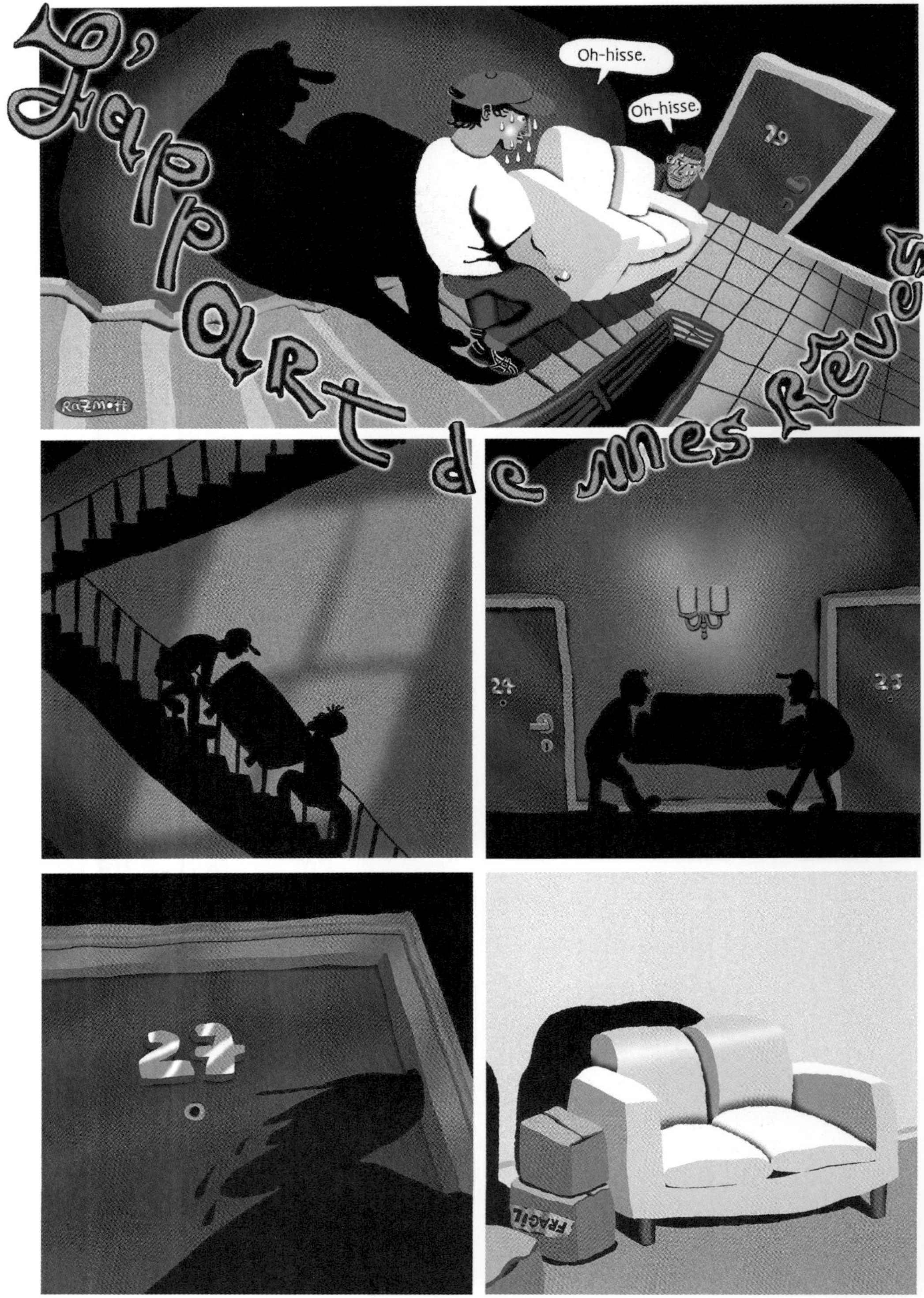
L'appart de mes Rêves
Oh-hisse.
Oh-hisse.
RaZmott
FRAGIL

Putain, la vue...
Alors ? Tu le trouves comment ? Il est lourd, hein !?
Téma le meuble pour ma collection de vinyles.
On a aussi commandé une table et des chaises pour la terrasse.
Là on va péter le mur pour avoir une cuisine ouverte.

Je me rappellerai toujours de ce mardi 5 avril 2022. C'est le jour où j'ai eu mon déclic. J'avais aidé Romane et Pietro à démé-mager. Ils en étaient déjà à leur deuxième appart. Moi, j'ai 27 ans (comme Pietro) et j'en suis à mon 0 appart. À partir d'aujourd'hui, les choses vont changer.
Bon, j'y vais. J'ai des choses à faire.
P'tit ter avant ?!
D'accord.
Pietro, avec quel argent vous avez acheté tout ça ?
C'est surtout Romane qui a payé les bails.
Son salaire d'avocate, c'est pas la même que mon salaire en événementiel haha.
Allez, moi j'y go !
Tu rentres en vélo ? mdr la galèèère.
Ouais haha.
26
À la prochaine fréro.
Rentre bien fréro.

Le déclic étant fait, il était temps pour moi de passer à l'action.
Moi aussi j'allais avoir mon propre appartement !
Le lendemain, j'ai prévenu mes parents que je quittais la maison. Ils étaient dévastés.
Deuxième étape : commencer des visites d'apparts. Estelle, ma copine, qui est une spécialiste en la matière étant donné qu'elle a déménagé l'année dernière, m'a aidé.
Il faut que tu ailles sur P.A.P, sur SeLoger et aussi sur Leboncoin.
TAPOTE TAPOTE
Dernière étape : trouver un job pour payer mon futur loyer chéri...
SALON DE Coiffure
Bonjour, vous pouvez me faire cette coiffure ?
OPEN
Je vais voir ce que je peux faire.

J'ai un entretien d'embauche dans une heure.
C'est vrai ? Où ça ?
Dans un café.
Ohh, c'est supeeer !
Une heure plus tard...
Je vois que vous êtes en freelance, ça veut dire que vous êtes organisé. C'est bien.
oui.
Test d'équilibre ! Portez ce plateau pendant 3 sec.
3...
2...
Ok, c'est bon.
J'ai commencé en tant que runner. Ça consiste à faire des allers-retours, en sprintant entre la cuisine et les tables pour apporter les plats chauds. C'était easy.
Il y avait plein de gens en costard qui, pendant leur pause midi, venaient déjeuner et parlaient boulot.
Si on n'a pas d'accord avant la fin du mois, on avisera.
Oui, il faudra les relancer.
UNE ANDOUILLETTE ET UN PLAT DU JOUR !?

Et voilààààààààààààààààààà...
Ne m'aide pas du tout à poser l'assiette sur la table. (gros con.)
Moi qui essaye de poser les plats le plus délicatement possible
Ne dit pas merci (pense que je suis son esclave).
doigt dans la Sauce.
pèse 1 tonne chacun
plats inversés
J'ai bossé de 12H à 15 H. J'étais hyper motivé.
À la fin, la responsable m'a fait un petit débrief.
Approchez Razmoh, on va faire un petit débrief.
C'était relativement calme, aujourd'hui. Vous pouvez revenir lundi pour un nouvel essai ?
Ah bon, c'était calme ?
Bon, d'accord.
Avant de partir, vous pouvez demander un plat au chef pour déjeuner.
Riiiing
Riiiiing

Riiiiing
Allô ?
Bonjour, vous m'avez conctactée pour visiter mon appartement ?
Oui, tout à fait.
Rdv au 14 rue du Savon.
C'est d'accord.
14
Nous y voilà, Estelle.
Merci de m'accompagner.
Je vais appeler la proprio.
BIP BIP BIP

Âllo?
Bonjour, c'est Razmoh. Je suis là.
C'est bien, suivez moi.
Après vous, les jeunes.
Omg, c'est trop moche.
Mais ne laissons rien transparaître…
Ça se voit que votre copine, elle n'aime pas.
Moi ?!
Si si !

Peut-être que la vue est sympa. Allons voir.
Dites-moi, vous faites quoi dans la vie ?
De la BD.
Ah oui ? Quel genre ?
Heu... autobio surtout puis un peu de dessin d'actu aussi... mais pas trop.
Vous êtes auto-entrepreneur ?
Non, profession libérale.
Ah oui, c'est pas terrible comme statut ça, vous allez bien galérer.
Enfin bref.
Vous faites des dessins politiques ?
Pas vraiment.
Vous savez ce que vous devriez faire ? Un dessin de Marine Le Pen !
C'est Marine Le Pen et là, une énorme bombe lui arrive dans la gueule !
Salut, les amis !

BOOOOOOOOOOOOM !!!!!
Ou alors, c'est Mélenchon, Le Pen et les autres là, Roussel, Poutou etc... Et il y a plein de bombes qui leur arrivent dans la gueule !
MÉLENCHON BOOOOOOOOOOOOOOM ! BOMBE DANS LA GUEULE !!!!
LE PEN BOOOOOOOOOOOOOOM !
BOMBE DANS LA GUEULE !!!!
ROUSSEL
BOOOM !!!
BOMBE
DANS LA
GUEULE !!!
POUTOU
BOOOM !!!
BOMBE DANS LA GUEULE !
HA
HA
HA !
HA
HA
HA !
HA
HA
HA
HA
HA
HA HA !!

Au moins, comme ça vous savez pour qui je vote !
Macron ?
Non, Valérie Pécresse.
Notre seul espoir...
On y va ?
Yep.
Au revoir, merci !
À plus, les jeunes.
Putain, mais c'était quoi cette proprio ?
Ouais, trop chelou hahahaha.
Comment tu l'as trouvé, cet appart ?
Bah sur P.A.P.
Il était bien en photo ?
Bof mais j'ai pensé qu'il serait mieux en vrai.

Il faut que tu visites que les apparts que tu trouves bien en photos, sinon tu vas pas t'en sortir, mon babe.
Ah ouais, pas bête.

Grâce aux bons conseils d'Estelle, j'ai changé mon fusil d'épaule et j'ai commencé à démarcher que les appartements qui étaient stylés en photos.
TAPOTE
TAPOTE
Et ça a vachement bien marché...

Woooooow !

Putain, la vue !
Comme précisé sur l'annonce, le loyer est à 790 €, charges comprises avec chauffage collectif. De plus, il y a un petit local à vélo au -1. Pour y accéder, il suffit de...
Bla bla bla bla bla
Je suis extêmement intéressé par votre bien et je suis prêt à le prendre sur le champ.
Il n'est pas disponible avant le 14. Avez-vous un garant ?
Oui, mon papounet.
Très bien, dans ce cas, envoyez-moi votre dossier complet par email. Je vous donnerai ma réponse dans la semaine.
Il est incroyable ! Putain, la vue, je suis choqué.
Oui, la vue est sympa mais il est vraiment tout petit.
On s'en fout de la taille ! L'important c'est comment on se sent dedans.

J'adore cette journée.
Je propose qu'on fasse une petite promenade.
FUMETUE
Tu dois pas envoyer ton dossier ?
Ça vaaaa, y a le temps, je le ferai ce soir.
Le lendemain :
Bonjour, en quoi puis-je vous aider ?
Je viens pour mon 2ème essai.
Ah oui, tout à fait. venez avec moi.
1664
Voici l'écran sur lequel vous allez tapoter les commandes de nos clients chéris.
Exemple : quelqu'un veut manger une entrecôte. Vous allez dans «extra» vous tappez le code 6793843939, vous sélectionnez le numéro de table, vous allez dans «Plats», vous descendez, vous cliquez sur «Entrecôte».
BiP
BiP
BiP
BiP
BiP
BiP
Simple comme bonjour.
Manque plus qu'à aller chercher le plat en cuisine et l'apporter au client.
Voilà de quoi noter les commandes. Tenez-vous droit, soyez souriant et poli.
Allez bonne chance, ciao.
Pour le dossier de blablu deadline de blablabli.
Oui blabla séminaire blablabli d'entreprise et blablablu.
Bonjouuur.

Je vais prendre vos commandes, svp.
Un croque-monsieur.
Un plat du jour, saignant.
Un veggie burger sans frites.
Un croque-madame
Une salade caesar.
Une tartine chèvre-avocado, mais que si le fromage est pasteurisé.
Tu prends une salade caesar toi? Bah deux en fait.
SCRITCH SCRITCH SCRITCH
Avec de l'eau plate svp.
Non, gazeuse.
Vous nous conseillez quoi comme vin rouge ?
Non, plate
Non, gazeuse.
Non, plate.
Je ne sais pas.
Prenez les deux, en fait.
Vite, allons taper tout ça sur la borne !
On pourrait avoir de l'eau ?
J'ai pas le temps !
6… 7… 9… 3… 8… 4… 3… 9… 3… 9.
Yes. Putain, je suis un génie. Alors, ils ont commandé quoi déjà ?
BIP
BIP
BIP
Tout se passe bien Mr Razmoh ?

C'est à ce moment que j'ai vécu ma première expérience de sortie de corps. C'est-à-dire que mon corps physique était chez moi, mais mon esprit était parti en Guadeloupe.
EXPÉRIENCES DE MORT IMMINENTE
Ce que vous décrivez, Jean-Dominique, c'est ce qu'on appelle le phénomène de décorporation. Voilà, c'est cette sensation que l'esprit se dissocie du corps.
Moi je préfère l'appellation « dédoublement astral ».
Êtes-vous retouné en Guadeloupe depuis ?
EXPÉRIENCES DE MORT IMMINENTE
Oui, je suis allé au Club Med avec ma famille, l'été dernier.
Non mais en décorporation.
Ah, non.
BZZZ BZZZ
RAZMOH <3
MOBILE
Allô ?
Allô, snif snif.
Bah, qu'est-ce qui se passe ?
Je l'ai pas.
De quoi ?
L'appart trop beau.
AH, merde !
Estelle, je suis dévasté.
Mais t'en trouveras d'autres tkt. Il t'a dit pourquoi ?
Nan mais je suis sûr que c'est parce que j'avais une casquette!
...
Et ton deuxième jour au café, ça s'est bien passé ?
Oui, ça va. Bon, je viens de commencer donc je fais encore quelques boulettes mais bon.
C'est normal au début.
Oui, snif snif. Bon, je vais aller me coucher.
Ok, bisous.
Bisous.

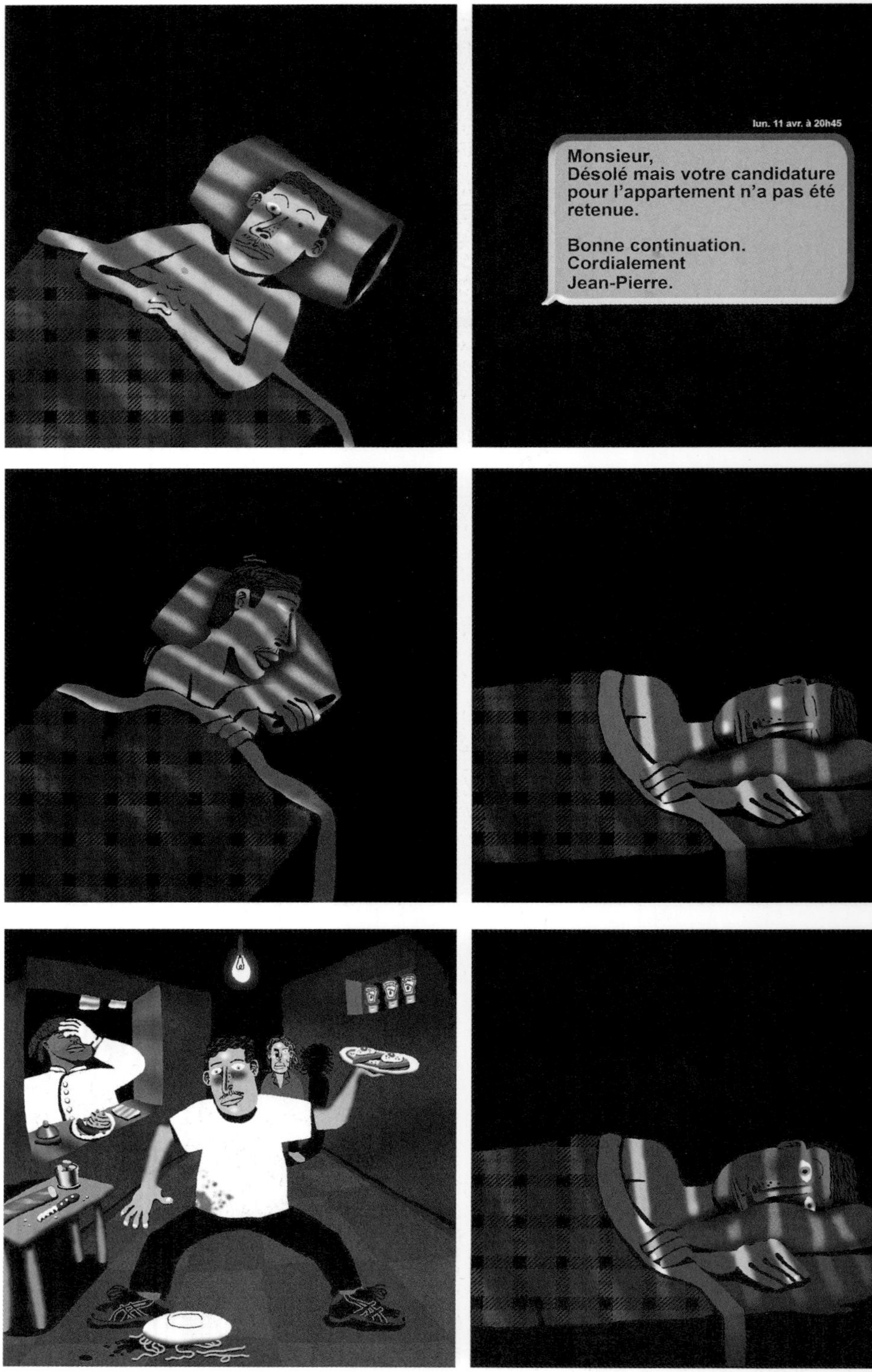
lun. 11 avr. à 20h45
Monsieur,
Désolé mais votre candidature pour l'appartement n'a pas été retenue.
Bonne continuation.
Cordialement
Jean-Pierre.

Confiture
Bonne Maman
Drrrrrring
Drrrrrring
Drrrring
Allô ?
BIP
OUI BONJOUR !
AH, BAH VOUS AU MOINS VOUS RÉPONDEZ QUAND ON VOUS APPELLE !

Nan parce que certains jeunes d'aujourd'hui ils appellent, ne laissent pas de message, puis quand on
Qui est à l'appareil ?
Je suis le proprio de l'appartement à Issy-les-Moulineaux sur Leboncoin
+33 7 99 90 86 11
Comme je me voyais pas du tout de quoi il parlait, je suis allé me rafraîchir la mémoire sur Leboncoin. Pendant ce temps, mon mystérieux correspondant me ra-contait un tas de choses. On aurait dit qu'il avait fumé une cartouche de Gauloises avant d'appeler...
Nan mais je vais vous dire : Les jeunes d'aujourd'hui, bla bla bla bla bla bla bla
Ohh, il a l'air pas mal ! Super lumineux.
Par contre, on comprend pas trop la vue. On dirait des arbres...
700 € le loyer pour un 28m², c'est pas cher !
Bla bla bla bla bla bla bla
Issy-Les -Moulineaux
700€
28m²
1 pièce.
Je me suis sagement assis à l'écouter. De temps en temps, je plaçais des petits « Je vois, oui. », « C'est vrai ? », « Hahahaha ! ».
Bla bla bla bla bla bla bla bla bla
Ha ha ha ha...
À un moment il a commencé à se lâcher.
L'autre jour, j'ai vu 1 fille qui faisait un footing. C'était triste à voir. Je peux vous dire que si jamais elle se faisait emmerder elle allait pas courir bien loin...

À la fin, il a dit « Bon, vous m'avez l'air bien sympathique. Je vous recontacterai. À bientôt ! ». Et il a raccroché.
FIN D'APPEL
2H38
BAZAR
13
SUPERETTE
METRO

Une semaine s'est écoulée sans aucune nouvelle du mystérieux vieillard...
De mon côté, j'ai continué à visiter des apparts. Malheureusement, je n'ai pas trouvé chaussure à mon pied. Soit trop cher, soit trop loin ou alors aucune vue...
Et dès qu'un appartement me plaisait, mon dossier n'était pas retenu.
Même quand j'y allais sans casquette...
Je suis sûr que c'est à cause de mon statut d'indépendant. Mais jamais je ne baisserai les bras.
Bientôt je recevrai ma première fiche de paie du café. Avec ça mon dossier sera en béton.
Le service du midi va commencer. Tristan, vous serez chargé de la zone A, Razmoh de la zone B et Émilie de la zone C.
LE ZIZI CAFÉ

La plat du jour c'est blanquette de veau avec riz pilaf.
Il est à 18 € au lieu de 16 €.
Précisez-le au client sinon il pense qu'on veut l'arnaquer.
T'es nouvelle ?
Oui. Je m'appelle Émilie. T'es là depuis longtemps, toi ?
4 ou 5 jours.
Au ZiZi Café, ça se passe mieux. Je suis de plus en plus à l'aise et je commence à lâcher des mooves de beau gosse.
Comme d'habitude ?
Oui, merci.
Alors, 2 express' et un café crême, ça nous fait un total de 8,70 €. Je vous dois donc 1,30 € !
Ça m'arrive même d'aider les nouveaux (Il y en a tout le temps parce que le ZiZi recrute h24 sans former personne, du coup ils sont en stress).
Excuse-moi, je crois que j'ai fait une gaffe sur la machine, comment on annule ?
En fait, j'ai tapé "boudin noir" à la place de glace vanille.
Attends, je vais te montrer.
Ah ! Mais c'est déjà envoyé ?!
Oui.
Faut que t'ailles prévenir le chef en cuisine !
Ok.
Il faut que tu dépêches par contre.

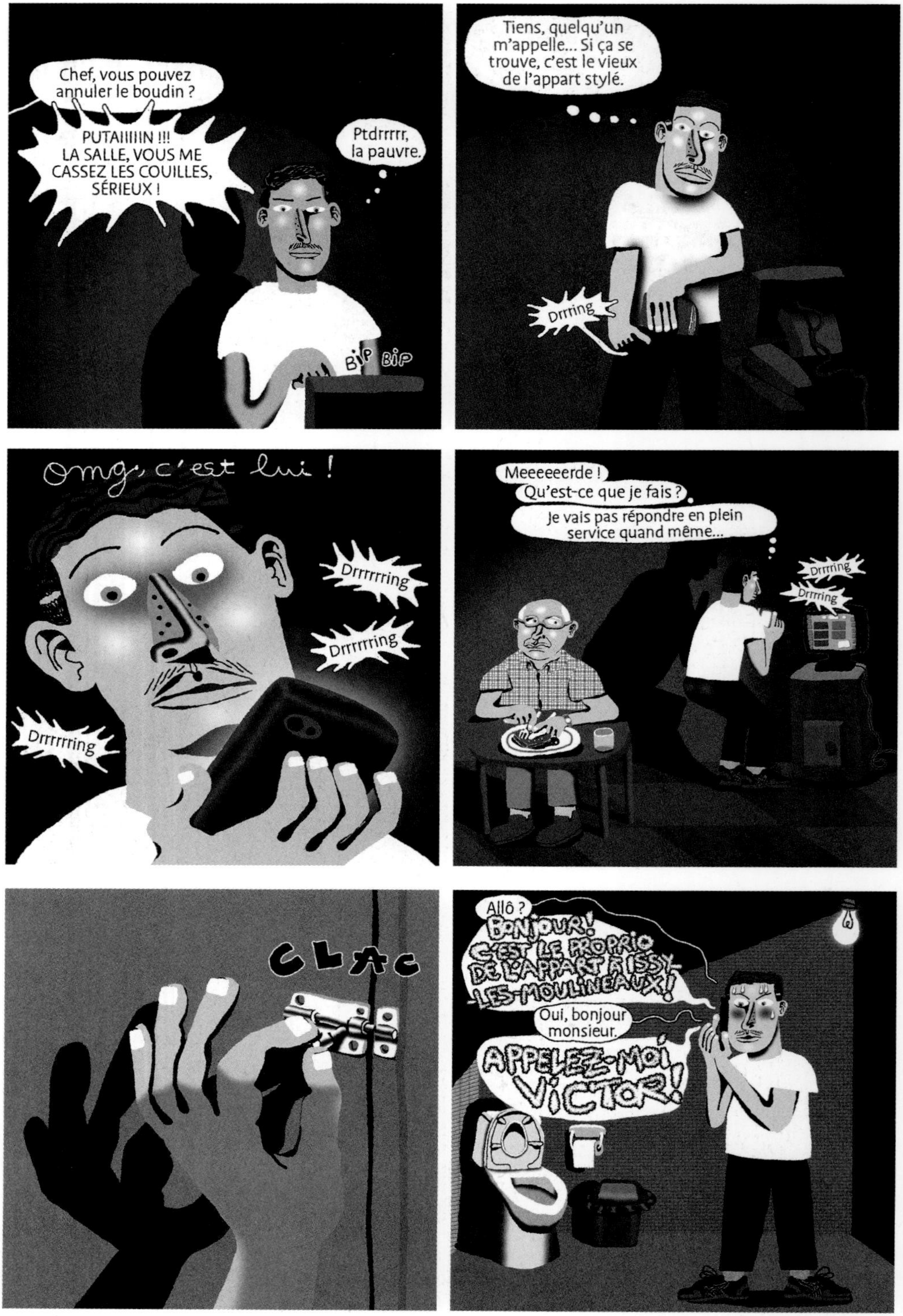
Chef, vous pouvez annuler le boudin ?
PUTAIIIIIN !!! LA SALLE, VOUS ME CASSEZ LES COUILLES, SÉRIEUX !
Ptdrrrrr, la pauvre.
BIP BIP
Tiens, quelqu'un m'appelle... Si ça se trouve, c'est le vieux de l'appart stylé.
Drrring
Omg, c'est lui !
Drrrrrring
Drrrrrring
Drrrrrring
Meeeeeerde !
Qu'est-ce que je fais ?
Je vais pas répondre en plein service quand même...
Drrring
Drrring
CLAC
Allô ?
BONJOUR! C'EST LE PROPRIO DE L'APPART À ISSY-LES-MOULINEAUX!
Oui, bonjour monsieur.
APPELEZ-MOI VICTOR!

J'ai pensé à vous l'autre jour, vous allez rire ! J'étais avec ma nièce qui est storyboardeuse
BLA BLA BLA BLA BLA BLA BLA
BLA BLA BLA BLA BLA BLA BLA
J'ai pas trop le temps de parler là, Mr. Victor...
TOC TOC TOC TOC
Y A QUELQU'UN ?
OCCUPÉ !!!
UN JOUR JE ME SUIS FAIT RENVERSER PAR UN BUS À CHAMONIX
Je suis au travail là !
AH PARDON ! AU TEMPS POUR MOI ! ALLONS DROIT AU BUT : ÊTES-VOUS DISPONIBLE POUR UNE VISITE DEMAIN À 19H ?
Oui, c'est parfait.
C'EST AU 56 RUE D'ARBOIS. L'APPARTEMENT SE TROUVE AU 2eme ÉTAGE. J'AI UN RENDEZ-VOUS À L'HÔPITAL CE JOUR-LÀ. J'AURAI PEUT-ÊTRE UN PEU DE RETARD. VENEZ PLUTÔT À 19H15 !
C'est noté ! Au revoir, Mr. Victor.
Je suis arrivé à 19 heures pile.
56

FUMETUE

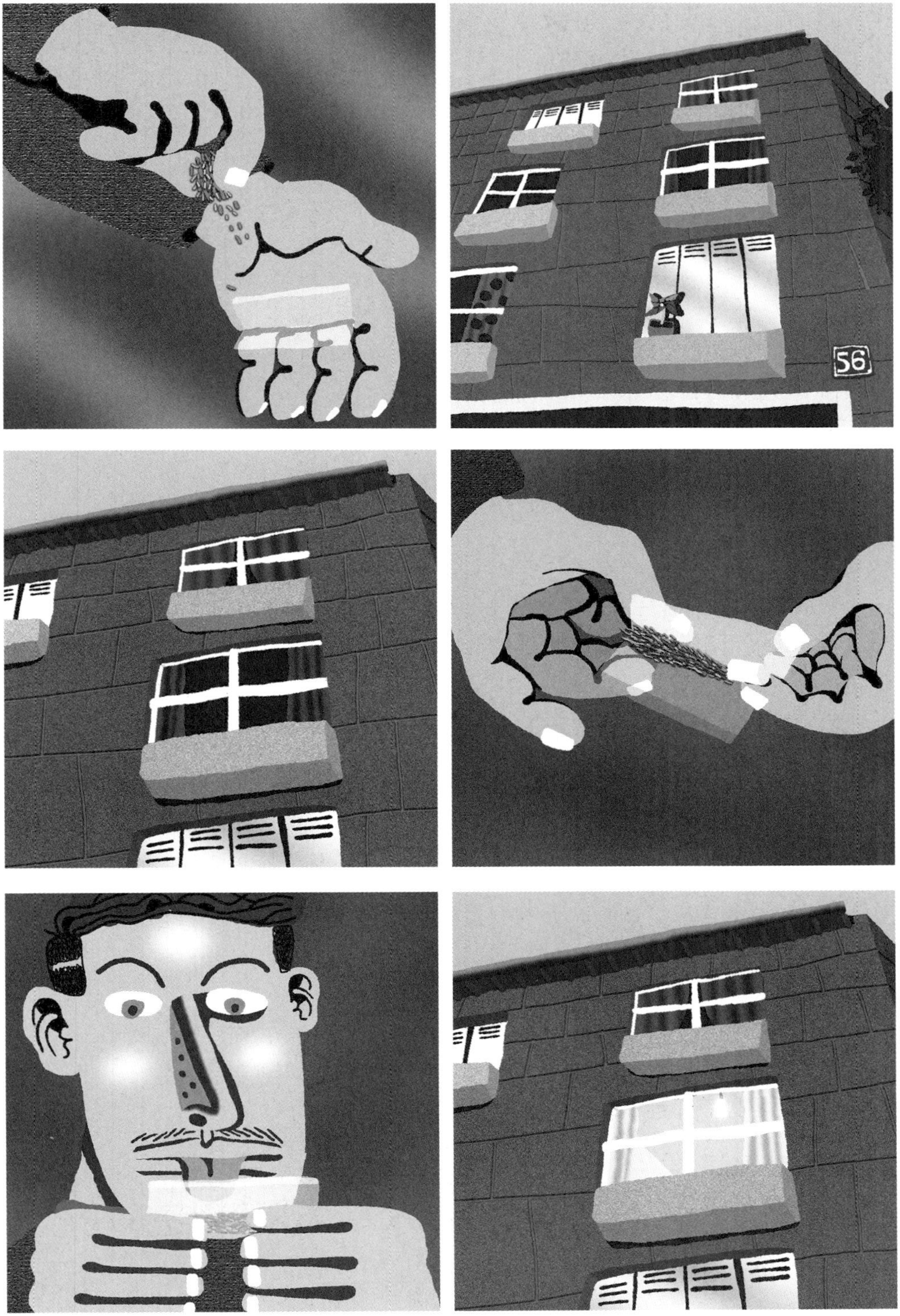
56

Tiens, il y a des gens dans l'appartement que je suis censé visiter.

56
Merci pour la visite.
PENSEZ À ME FAIRE SIGNE D'ICI UN OU DEUX JOURS SI VOUS ÊTES INTÉRESSÉE. ALLEZ, AU REVOIR MADEMOISELLE!

C'est lui Mr. Victor ?!

MR. RaZMoH JE PRÉSUME?
Oui, enchanté.
SUIVEZ-MOI.
Vous n'aviez pas rdv à l'hôpital ?
J'AI TOUT LE TEMPS DES RDV À L'HÔPITAL.
Nan mais aujourd'hui.
VOUS AVEZ BONNE MÉMOIRE. BRAVO! EFFECTIVEMENT, J'AVAIS UN RDV MAIS IL S'EST FINI PLUS TÔT QUE PRÉVU. J'EN AI PROFITÉ POUR ORGANISER UNE VISITE.
BIP BIP BIP
C'ÉTAIT AVEC UNE JEUNE FILLE, PLUS OU MOINS DE VOTRE ÂGE.
BON... TOUT À FAIT ENTRE NOUS, ELLE ÉTAIT UN PEU BIZARRE... HI HI HI
C'est toi qui est grave chelou, ouais.
BIP BIP BIP BIP
BIP BIP BIP BIP BIP BIP BIP
MERDE! J'ME RAPPELLE PLUS DU CODE.
BIP BIP BIP BIP MERDE!
NAN MAIS C'EST GRAVE LÀ...
TRÈS TRÈS GRAVE...

ALLEZ, RÉFLÉCHIS VICTOR...
ESSAYEZ 123456!
BIP
BIP
BIP BIP
BIP
Ça marche pas.
MERDE! MERDE! MERDE!
ATTENDEZ!
JE CROIS QUE JE L'AI!
BIP BIP BIP BIP CLAC!
JE VOUS EN PRIE!
Nan mais c'est pas possible.
Je te jure ! Il avait oublié le code ! Alors qu'il venait de faire une visite 10 minutes plus tôt.

Il faisait grave peur. Je me suis dit ça se trouve c'est un psychopathe.
C'est trop bizarre wesh.
On est entrés dans l'appartement et il a dit :
« JE VOUS AI VU PAR LA FENÊTRE, TOUT À L'HEURE. VOUS FUMIEZ UNE CIGARETTE. NOUS LES PROPRIOS, ON PRÉFÈRE ÉVITER LES FUMEURS ! C'EST VOTRE SEUL DÉFAUT ! »
Hahaha, c'est pas de bol ça !
Nan mais je lui avais déjà dit que j'étais fumeur.
Quand ça ?
Au téléphone.
Mais t'es con.
Bah, il me pose la question, je lui réponds !
Bah, tu mens.
BAH NON ! Je mens pas ! J'ai pas envie de commencer à devoir cacher des trucs là...
De toute façon, quand je lui ai dit, il m'a répondu qu'il aimait mon honnêteté.
Et du coup, tu vas le prendre ?
Aucune idée. Je suis pas trop fan de la vue.
Oh! Ça donne sur une petite place.

Justement, j'aime pas trop les places, je crois. Je préfère les vues bien dégagées comme chez Pietro, tu vois ?
C'est pas le même budget.
Sans blague…

En plus, le proprio est chelou.
Je pensais que tu l'aimais bien, au final ?
Oui, il est marrant. Mais bon, je suis sûr que je peux trouver mieux. Ce serait con de me retouver dedans alors que je suis peut-être à une visite de l'appart' de mes rêves.
Je le trouve très bien moi.

Je dis oui alors ?
Tu fais comme tu le sens, mon babe.
Ok, je dis non. Hop, c'est envoyé.

LE ZI'ZI CAFÉ
Annoncer à Mr. Victor que je n'étais plus intéressé par son appartement n'avait pas été une décision facile à prendre mais j'avais préféré écouter mon instinct.
J'ai toujours fonctionné à l'instinct moi. Comme ça, j'évite de me retrouver dans des endroits où je ne suis pas à ma place !
Razmoh, vous venez avec moi, svp.
Je vous ai un peu observé et j'ai l'impression que vous êtes rapidement débordé pendant le service.
Ah bon ?
Oui. De plus, on a recruté du personnel plus expérimenté.
Quand ma responsable parle de «personnel plus expérimenté», elle fait allusion à Alexandre. Il est nouveau au ZiZi mais ça se voit qu'il a de l'expérience dans la restauration.
Alors, on va vous prendre 1 oeuf mayo, 3 salades caesar, 2 plats du jour, 1 entrecôte, 1 filet de bar, 1 andouillette, 1 burger *cheese*. 1 bouteille de Brouilly, 1 bouteille de SanPé et 1 carafe d'eau, s'il vous plait.
1 oeuf mayo, 3 salades caesar, 2 plats du jour, 1 entrecôte, 1 filet de bar, 1 andouillette, 1 burger *cheese*, 1 bouteille de Brouilly, 1 bouteille de SanPé, et 1 carafe d'eau. C'est parti.
PIZZA TIME
Alexandre vous êtes superbe.

Vous vous souvenez du *run* ? Vous étiez vachement fort au *run*. C'était qui le plus fort au *run* ? C'était Mr. Razmoh. Ça vous dirait d'y retourner ?
Pas trop.
C'est pas grave, vous y retournez quand même.
Allez hop hop hop, il y a beaucoup de monde, aujourd'hui.
Vous n'allez pas vous ennuyer.
Et avec le sourire !
Et voilà, je me retrouve à mon point de départ à couper le pain et enlever le plastique des pots de ketchup en attendant que les plats sortent...
C'est de la merde le *run*, moi je veux être serveur...
Hey, j't'explique un truc, toi et moi on fait pas le même métier, la vie de ma mère j'vais t'éclater.

HEY, BANDE DE BÂTARDS ! FAITES-MOI UN PLAT DU JOUR AVEC SALADE AU LIEU DE FRITES !
Ok, ça roule.
wtffff....
Mr. Razmoh, je vais vous libérer à 14h50, aujourd'hui.
Pour ne pas arranger les choses, ma responsable me libère 10 min avant la fin de mon service. Comme ça ils n'ont pas à me fournir le déj (parce que, en fait, mon contrat stipule qu'à partir de 3 H de travail ... bon, flemme d'expliquer, en gros, elle me met une douille).
Ah ok, à demain.
À demain.
Je ne suis pas allé au travail, le lendemain, ni le jour d'après.
J'ai finalement envoyé un message à ma responsable pour lui dire que je ne reviendrais plus jamais.
Comme je n'avais plus rien à faire, je passais mes journées à glander dans ma chambre en écoutant de la musique hawaïenne.

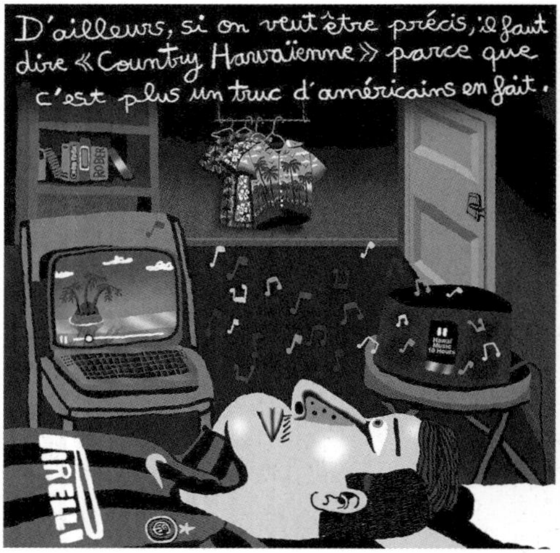
D'ailleurs, si on veut être précis, il faut dire « Country Hawaïenne » parce que c'est plus un truc d'américains en fait.

J'avais regardé un reportage là-dessus, une fois. C'est un style de musique qui est apparu dans les années 50, quand Hawaï, c'était grave à la mode.

À cette époque, les îles du Sud étaient vues comme une sorte de paradis et ça faisait trop fantasmer les américains, du coup ils partaient tous en vacances là-bas.
Ici, tout n'est qu'invitation au plaisir.

Ils étaient tellement à fond qu'ils ont commencé à ramener la mode sur le continent. Genre ils construisaient plein de trucs partout en s'inspirant de la culture hawaïenne.
TiKi
RESTAURANT
MOTEL
Ces gros forceurs allaient même jusqu'à aménager leurs sous-sols en mode «Hawaï» pour les soirées entre amis et autres réceptions en tout genre.
Puis un jour, ils en ont eu marre et ils ont tout viré...
Moi, je trouve ça incroyable que cette mode ait existé. Si je pouvais voyager dans le temps, je retournerais dans les années 50 pour assister à l'âge d'or de ce paradis factice complètement kitsch.
Bref, on vit dans un drôle de monde quand même...
Red Sails in the Sunset
Way out on the Sea
She Sailed at the Dawning
All day I've been Blue

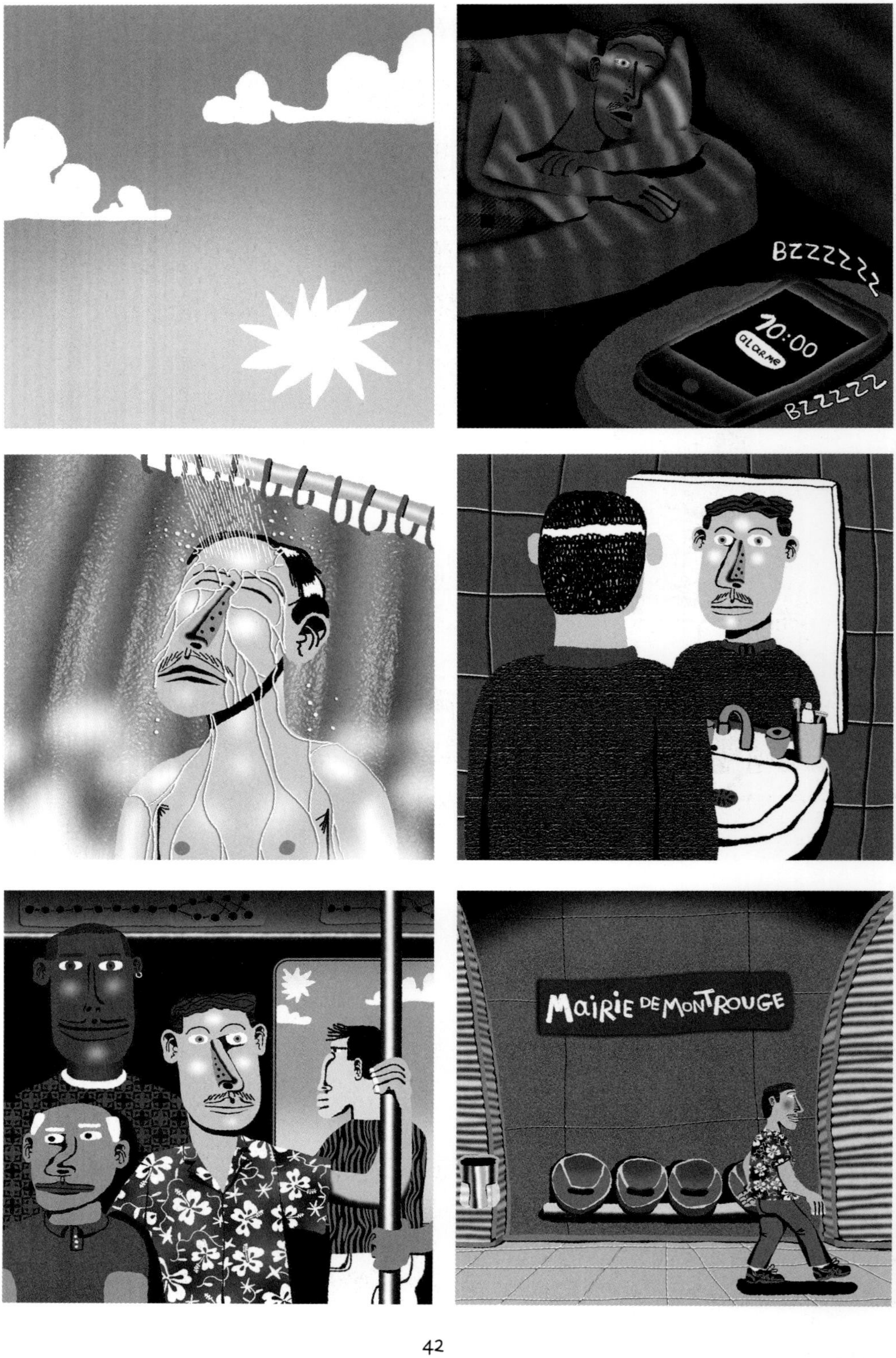
BZZZZZZZ
10:00
alarme
BZZZZZZ
MAIRIE DE MONTROUGE

Mairie de Montrouge

RESTAURANT JAPONAIS
LA MURAILLE DE CHINE
SALLE CLIMATISÉE

73

FIN

Juillet 2022

Dans la même collection

Walter et Milou
Manon Ajorque
Nicolas Mehdipour

C'est la vie
Misanthropie sévère
Santiago Bará

Devenons-nous idiots ou le sommes-nous depuis toujours ?
Sergi Moreso

Première édition, septembre 2023

ISBN : 978-84-13714-83-7

Dépôt légal espagnol : B 11470-2023

Dépôt légal français à parution

Ce livre a été imprimé à Zaragoza, en Aragon, Espagne par **INO Reproducciones**, au mois de juillet de l'année 2023. Il a été réalisé sans plastique et avec des papiers certifiés *FSC*, issus de forêts gérées de manière responsable et économiquement durable. D'autre part, l'éditeur est membre de la coopérative *Som energia* et toute l'énergie qu'il utilise provient d'énergies renouvelables.

bangediciones.com

FSC www.fsc.org FSC® C020837 The mark of responsible forestry

KM Ø LIVRE DE PROXIMITÉ